子どもの
個性を
引き出す

きむら式 \おもしろ/ 造形タイム

いつもの技法にひと工夫！

きむらゆういち 著

チャイルド本社

葉っぱや根っこも
筆になるのかな…？

造形に決まりなんてない！
道具も、技法も、自分で作っちゃおう。
身の回りにあるもの、なんでも使えるよ！

自由でユニークな
"きむら式" 造形の

スチロール皿に
鉛筆で絵を描いたら…？

簡単に版画ができちゃう！

ひもにのりを
染み込ませたら…?

簡単に形が作れるから、
おもしろい絵ができちゃう!

世界へようこそ!

いつもの技法にちょっとひと工夫を加えると、
オリジナルの楽しい造形アイデアが生まれるよ。
それが"きむら式"魔法のスパイス。
身近なものを使って、枠にとらわれずに自由に楽しんでみよう。

トイレットペーパーを
水とのりで溶いたら…?

紙粘土ができちゃった!

絵の具に木工用ボンドを
混ぜたら…?

いつもは描けない素材にも
すいすい絵が描けちゃう!

Contents

子どもの個性を引き出す きむら式 \おもしろ/ 造形タイム

いつもの技法にひと工夫！

その② 立体物を作ろう

その
① 塗ったり、描いたり、スタンプしたり

いろいろ描画＆版画

いっぱい
つけちゃった!

わあ、手が真っ赤だよ〜

8

筆がない、絵の具がない、画用紙がない、だから絵が描けないって？
"きむら式" はこんなときこそチャンスだ。
筆がなければ、指だって草や木の葉だって筆にしちゃおう。
絵の具がなければ、スタンプ台やコピー機で、新しい描き方を見つけよう。
画用紙がなければ、クリアファイルやプラ容器やチラシにだって描けるんだ。
今までの当たり前を忘れて、どんどんおもしろい作品を作っちゃおう。

どんな絵にしようかな

身の回りのもので描こう

**魔法の
スパイス**

筆やペンばかりが絵を描く道具じゃない！ いろんなもので、絵が描けるよ。
どんな素材を選ぶか、考えるのもおもしろい。
身近なものをなんでも試してみよう。

自然物で
描く

大胆なタッチで電車と線路

作り方

草花などに絵の具をつけて描く。

細い草で
もしゃもしゃの髪の毛を

しなやかな葉っぱを使って、生き生きとしたライオンや
草のみずみずしさを表現

歯ブラシで描く

空は歯ブラシを大きく
サーッと動かして

種は割りばしを使って

葉はゴシゴシと

飾りはポンポンと
たたくように

作り方

歯ブラシに絵の具をつけて
描いたりはじいたりする。

綿棒で描く

虹は線画、かさの模様は点描で。
かたつむりの殻も、
色を替えてぐるぐる描きに。

作り方

綿棒に絵の具をつけて
点や線を描く。上下に違う
色をつければ、2色ペンに！

点描でお姫さまを
飾って

オリジナルペンを作ろう!

魔法の
スパイス

「これは筆になるかな…?」
身近な素材でそう思えるものがあったら、試してみよう。
おもしろい絵が生まれるよ!

スポンジマジックで…

太い線を描いたり、広い範囲を塗ったり、
のびのびとした絵が自由自在に。

作り方

1 わさびやマヨネーズなどの
空き容器に、水で溶いた絵
の具をスポイトで入れる。水
は少なめがよい。

2 スポンジを切って差し込む。
目の詰まった汚れ落とし用
のスポンジがベスト!

ストローペンで…

紙にひっかかるような、ギザッと
エッジの効いた表現も楽しめる。

作り方

ストローの先を斜めに切る。

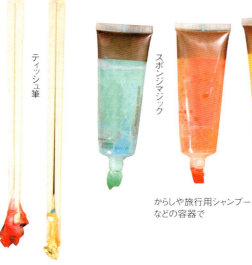

ティッシュ筆

スポンジマジック

からしや旅行用シャンプー
などの容器で

割りばしペン

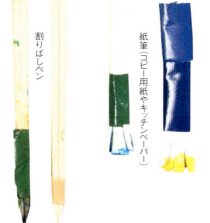

紙筆（コピー用紙やキッチンペーパー）

割りばしペンで…

絵の具を少しつけて細い線や、
たっぷり吸わせてぽったりした線が描ける。
おしゃれで味のある絵に。

作り方

1 割りばしの先をテープで巻き、
巻いた先を斜めに削る。

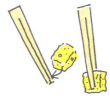

2 割りばしの間にスポンジをは
さむと、太い筆に。

ティッシュ筆で…

こすったりたたいたりして描くと、ティッシュペーパーの
毛羽立った風合いが出て、独特のタッチに。

作り方

1 割りばしの先に、ティッシュ
ペーパーを半分に折って
巻く。

2 ビニールテープで留める。

オリジナルペンを組み合わせて描こう

歯ブラシ

綿棒

スポンジ

魔法のスパイス

身近な道具とオリジナル画材、
いろいろな描き味の線を組み合わせて描いてみよう。
どんな絵が生まれるかな。

綿棒➕歯ブラシで

綿棒➕スポンジマジックで

歯ブラシでシャッシャッと大きくこすって、
ざりがにの勢いを大胆に表現

スポンジマジックの太い線と
綿棒の細い線で描き分けて

スポンジ➕歯ブラシで

スポンジのぼってりした面と、
歯ブラシのかすれ具合のマッチング

割りばしペン➕歯ブラシで

布筆➕割りばしペンで

歯ブラシで勢いよく毛を描いたら、
顔の繊細な線は割りばしペンを使って

布を割りばしに巻き付けただけの筆で豪快に

てんとうしむ

指だって立派な筆になる

絵を描くのに道具なんていらない！
指に直接絵の具をつけて塗りたくりをしたり、
スタンプみたいにぽんぽん押したり…。
絵の具の感触を楽しんで描こう。

指ふででで大きな丸をぐるぐる描いて、迫力ある魚を表現

指スタンプ

指の腹に絵の具をつけて
ぽんぽん押す。

7色の虹は細かくスタンプするとグラデーションのような効果が出るよ

色とりどりの羽をぽんぽんスタンプして
幻想的なちょうちょうに

16

長い線で輪郭を描いたら、中は大胆に塗ってできあがり！

輪郭や体の模様をのびやかに描いて

指ふで

指に直接絵の具をつけて、ダイナミックに描く。

組み合わせて作品に

指ふでで髪の毛の動きを出して軽やかに

たてがみは大胆にシュッシュッと指を飛ばして

手の形から
イメージあそび

魔法の
スパイス

手を紙に載せてなぞったり、
手のスタンプを押したりしてみよう。なにに見えるかな？
イメージをふくらませたら、
手の形からおもしろい絵が生まれるよ。

手の
なぞり描き

羽を広げたちょうちょうに

線を
生かして…

手を4つ並べてお花に

トコトコ

たくさんなぞってぼくの顔

手のひらスタンプ

指1本1本を
押し付けるのがポイント。

グーのスタンプ

ぎゅっと握ったり、ゆるめたりすると、
シルエットが変わる。

色とりどりの手のひらスタンプで、
羽を大きく広げた華やかなくじゃく

グーの形がかたつむりの殻に。
目は2本の指で、虹はグーを少しほどいた手の形

手の形を
見立てて…

インクがつかない手のひらの部分を
口に見立てて、楽しい笑顔の2人

マスキングテープを使った絵

魔法の
スパイス

貼ったりはがしたりしやすいマスキングテープは、
貼った上から色を塗ってテープをはがすと、そこに絵が現れる。
模様のある紙で作ると、絵に模様が浮かぶよ。

作り方

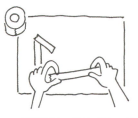

1 画用紙に、マスキングテープを
　描きたい絵の形に貼る。

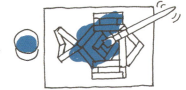

2 貼った上から色を塗る。

3 テープをはがすと、
　その部分が白く抜ける。

太いテープで迫力ある表現に

画用紙で

テープの切れた端もおもしろい味わいに

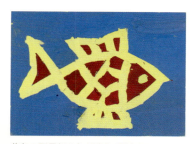

黄色の画用紙の色が映えて鮮やか

20

広告紙を使って

テープをはがすと、その部分に
模様のついた絵が出てくる。
想像を超えた絵が現れるのが楽しい。

元のデザインの鮮やかな色が目をひく

おしゃれなポスターに不思議な昆虫がかくれんぼ

カレンダーの文字がアクセントに

シックな自動車のチラシが格調高い花に

スーパーのチラシもアートに

反転コピーで暗い場面を描く

魔法の
スパイス

黒と白をコピーでひっくり返すとこんな絵に！
それを利用して、夜の風景や地下の世界などを描いてみよう。

作り方

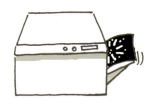

1　画用紙に、黒マジックで絵を描く。

2　ネガポジ反転コピーをする。

3　白く出た所に、
カラーマジックで色を塗る。

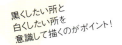
黒くしたい所と
白くしたい所を
意識して描くのがポイント！

地面の下の
世界

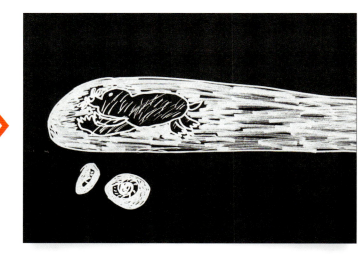

地面の下になる部分を白で残し、穴の部分を塗りつぶして、
反転コピーすると地下の世界に

夜空を白く塗り残して、月や星をペンで塗ると、タッチのある月に。
すすきにも色を塗って、輝くお月見の夜を表現

輝く夜空を表現

夜空に打ち上げられた花火は、ペンで色とりどりに彩色すると映える

花火や家をちりばめて華やかに

なんでもスタンプ絵

魔法のスパイス　身近なものに絵の具を塗ってスタンプしてみよう。
見慣れたものから意外な形が浮き上がるかも。
なにに見えるか考えて、楽しい絵にしてみよう。

作り方

1 スタンプするものをいろいろ集める。

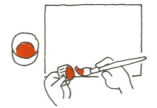

2 絵の具を塗って、画用紙に押す。

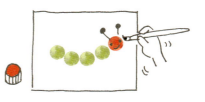

3 スタンプした形に目などを描き足そう。

ペットボトルの底やキャップ、プリンカップ、割りばし、綿棒、段ボール、エアーパッキングなど、なんでもスタンプして、形の見立てを楽しもう。

顔やひらひらドレスを描き足して、
バレリーナたちに

たくさん組み合わせて大きな魚に

せんたくばさみの形が
こんなに変身！

せんたくばさみを鳥に見立てて。雲や太陽は
ペットボトルのキャップ、ハートはゼリーのカップをスタンプ

ペットボトルの
キャップ

葉っぱも本物をスタンプして
リアルに

茎は曲がるストロー、
葉っぱはせんたくばさみで

割りばし

トイレット
ペーパー芯

材料

せんたくばさみ

丸めた段ボール

エアーパッキング
キャップにかぶせて
輪ゴムで留める

トイレットペーパー芯

ペットボトルのキャップ

段ボール

いろいろなものを組み合わせて

描きたい絵を考えてから
スタンプする素材を決めると、
自由に表現できる。

エアーパッキング

トイレット
ペーパー芯

ストロー

ボタン

綿棒

段ボール

ひもで描く絵

**魔法の
スパイス**

ひもで形を作って絵を作るよ。
麻ひもをのりに浸しておくと、紙の上で形が作れる。
絵ができたら、版画やフロッタージュにしてもおもしろいね。

のりがついて
いるので、
形が崩れないよ！

作り方

1 のりを水に溶き、麻ひもを浸す。

2 画用紙の上に、のりが染み込んだ
麻ひもを載せ、形を作る。

目や耳をうずまきで作ると、
インパクトが出る

できあがり

いろいろな
ひも絵を作ろう

曲線を生かしてくじらに

目はぐるぐると巻き、たてがみは
短く切ったひもを置いて、ライオンに！

ひも絵を版画に

ひも絵に絵の具を塗って
版画にしよう。

ひも絵でフロッタージュ

ひも絵の上に紙を置いて
フロッタージュしよう。

※版画の方法は30ページ

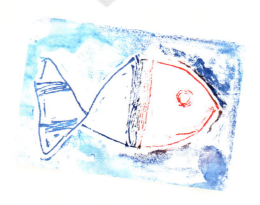

※フロッタージュの方法は36ページ

ころころ転がして なが〜い版画

魔法の スパイス

衣類用の粘着クリーナーを使ったおもしろ版画。
絵柄が繰り返し出てくるので、なが〜い絵が作れるよ。

作り方

1 フェルトで好きな形を作って切り取る。

2 粘着クリーナーのテープ部分に貼っていく。

3 形の部分に絵の具で好きな色をつける。

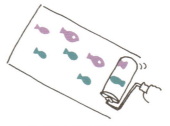

4 長い紙にころころと転がすと、繰り返し絵が現れる。

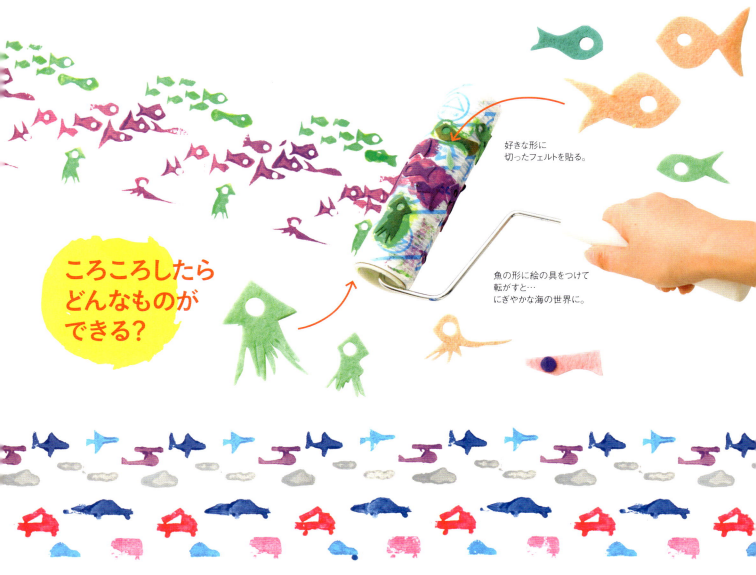

ころころしたら
どんなものが
できる？

好きな形に
切ったフェルトを貼る。

魚の形に絵の具をつけて
転がすと…
にぎやかな海の世界に。

地面には車やトラック、空には飛行機にヘリコプター。男の子の夢が、乗り物のなが〜い行列に

一面の野原にちょうちょうがヒラヒラ。長さを生かしたら、奥行きも出てきた

食品トレーでかんたん版画

魔法のスパイス

発泡スチロールのトレーなどを使って、かんたんにできる版画を楽しもう。
柔らかい素材で形が作りやすく、水に強い素材なので
版を洗って何度でも色替えを楽しめるのが魅力。

作り方

1 発泡スチロールトレーを鉛筆で
へこませて線を描く。

版画用の
絵の具でもOK!

2 スタンプのインクをつける。

3 紙に押し付ける。

4 できあがり

同じ形を たくさん押して

1つの版をたくさん押して、
にぎやかな絵に。

ねこの形に切る

同じ版で
いろいろな動きに

押す位置を変えると、
違う形やポーズに変身。
動きをつけたら、お話もできちゃいそう！

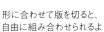

形に合わせて版を切ると、
自由に組み合わせられるよ

顔のパーツで
福わらい版画

目や眉の向きを変えると表情が変わる。
何度も繰り返しておもしろい表情を
作ってみよう。

眉

目

鼻

口

版画を組み合わせて１枚絵に

魔法の
スパイス

前のページの版画でいくつかの版を作ったら、
組み合わせて１枚の絵にしよう。
シンプルな線や花のモチーフなど、
自由に合わせて、同じ版から何種類もの絵ができるよ。

**シンプルな形の
組み合わせで**

細い線をたくさん

いろいろ三角

細かい線で作った版をいくつも押して、ライオンのたてがみに。
三角形の版は、耳や鼻に。

丸や楕円の変型

花や星の形

細かい線

いろいろな形の版の組み合わせで

もわっとした形でけむるような桜を表現

大小2通りの魚の版を作り、向きや色をさまざまに
スタンプ。魚が自由に泳ぐ楽しい雰囲気に

同じ版を使っても、まったく違う絵ができる。
スタンプの色を替えれば、さらに幅広くアレンジも

車両や木を横に長く並べて、広がりを感じる絵に。車両の角度が自然に
少しずつ違ってくることで、列車がガタゴト走る様子を表現できる

33

フロッタージュで
コラージュ

**魔法の
スパイス**

身近な素材をこすり出し！　戸外でも室内でも、
なんでもこすって写し取ったら切り貼りして絵にしよう。
絵柄に合う模様がうまく見つかるかな。

いろいろな所で
フロッタージュしよう

クレヨンを寝かせてこすると、紙がやぶれずに
広い範囲をこすり出しできるよ。
他にも色鉛筆など、画材をいろいろ試してみよう。

いろいろなでこぼこに紙を当ててごしごし

**ザラザラ、ブツブツ、ゴツゴツ…、
いろんな所でこすってみよう。**

作り方

1 いろいろな所でフロッタージュ
したものをたくさん集める。

2 どんな絵にするか考えて、
フロッタージュした紙を切り取る。

3 切り取った紙で貼り絵をする。

すてきな模様ができたよ

いっぱい作って
貼り絵をしよう

木や砂利など自然の素材、家の壁や家具の木目から、
ざるやファスナー、エアーパッキングまで、なんでもこすって
貼り合わせよう。色もカラフルにすると楽しい。

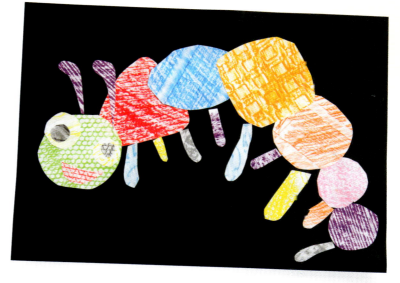

重ねて並べて
おもしろフロッタージュ

魔法の スパイス

身近な素材を重ねて、上からフロッタージュしてみよう。
重ねた部分がくっきりと浮き上がって、おもしろい絵が出てくるよ。

作り方

こんなやり方も

1 厚紙を切り、重ねて貼って 絵を作る。

2 紙を載せて、上からクレヨンを寝かせてこすると、重ねた形が浮かび上がる。クレヨンの替わりに、クレヨンを塗った紙でこすってもきれいにできるよ。

厚紙を重ねて貼って

ライオンの形に

厚紙を重ねて フロッタージュ

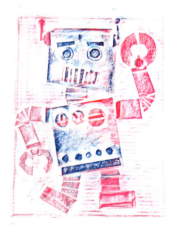

紙を載せて上からこすってできあがり

クレヨンを寝かせて軽くこするときれいに　　何色か使うと絵に奥行きが出る

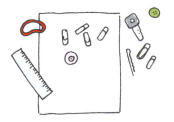

1 画用紙の上にいろいろなものを
  並べて貼る。

2 紙を載せて、上から色鉛筆などでこする。

髪はたくさん重ねたクリップ、目や眉には髪留め用ピン、
鼻は鍵、口は輪ゴムで、体には定規を使って表情豊かに

いろいろな素材を並べて

紙皿にボタンを重ねて、
おいしそうなぶどうが出現

ファスナーや葉っぱ、クリップにボタンで個性的な顔

37

ステンドグラスとキラキラ絵

魔法の スパイス

透明な食品パックやクリアファイルで、ステンドグラスを作ろう。
アルミホイルをプラスして、キラキラ光る作品にアレンジしても。

作り方

1 クリアファイルなどの透明なものの表側に、黒い不透明マジックで絵を描く。太い線がよい。

2 裏からカラーマジックで色を塗る。

透明素材の ステンドグラス

素材の透明感を生かして、光に透ける色を楽しむ
ステンドグラスに。周囲を黒く塗りつぶすと、
よりステンドグラス感が増す。

鮮やかな色を使うのがポイント

カップアイスのふたにも

作り方

1 食品パックなどの透明容器に、ステンドグラスと同じように線を描き、裏から色を塗る。

2 アルミホイルをくしゃくしゃっと丸め、また広げて容器の裏に貼る。

食品パックで
キラキラ絵

しわの入ったアルミホイルが光を反射して、キラキラ光る作品に。透明感プラスで豪華さもたっぷり。

アルミホイルのキラキラが魚の質感にピッタリ！
食品容器なので、お皿のイメージにも

封筒に入れて…

封筒に入れると、キラキラした額絵に。
アルミホイルの保護にもなり、持ち運びにも便利

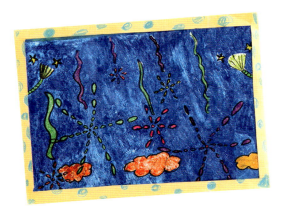

クリアファイルでおしゃれ額縁

魔法の
スパイス

普通の絵の具でははじいて描けない素材に、
ちょっと工夫したオリジナル絵の具でペイント！
絵の具を作ってクリアファイルに絵を描いたら、すてきな額縁ができるよ。

作り方

 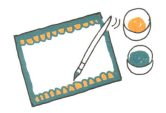

1 水彩絵の具を水で溶いて、食器用洗剤または木工用ボンドを混ぜる。絵の具を濃い目に溶くと色がしっかりつくよ。

2 いろいろな色を作って、クリアファイルに額縁の絵を描く。

おしゃれ額縁を楽しもう

中に入れる絵を考えながら
模様を描くと、
ワクワク感がアップ！

四角いだけが額縁じゃない。
中に入れる絵を想像して、自由な額を作ろう

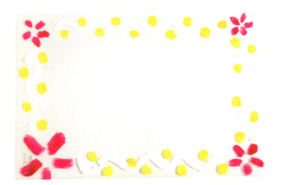 

絵を入れて…

絵を入れて…

組み合わせる

額が透けることで立体感も生まれる。
画用紙に描いた絵を
クリアファイルに挟んで飾ろう!

 +

すてきな額縁のできあがり!

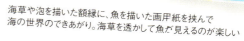

海草や泡を描いた額縁に、魚を描いた画用紙を挟んで
海の世界のできあがり。海草を透かして魚が見えるのが楽しい

その
② 丸めたり、重ねたり、組み合わせたり
立体物を作ろう

ちょっと見方を変えるだけでいいんだ。
水彩絵の具に食器用洗剤を一滴たらせば、
ペットボトルアートができる。
トイレットペーパーはオリジナル紙粘土に変身！
アルミホイルは粘土みたいに形あそびができる。
身の回りにあるものが、新しいアイデアで
どんどん作品に変身だ！

おうさま、きょうは
どこに行きましょう

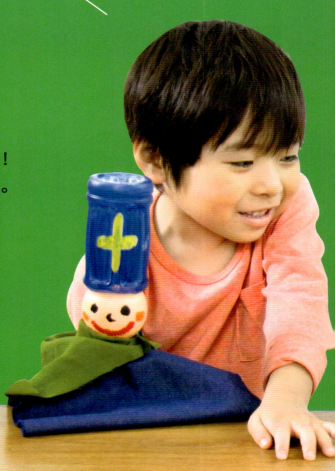

お城の外へ
散歩にいくのじゃ

ペットボトルアートに挑戦！

はじかない絵の具を使って、立体作品を作ろう。
身近なペットボトルを動物や家に見立てて賑やかに！

作り方

1 水彩絵の具を水で溶いて、食器用洗剤または木工用ボンドを混ぜる。絵の具を濃い目に溶くと色がしっかりつくよ。

2 いろいろな色を作って、ペットボトルに絵を描く。

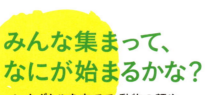

みんな集まって、なにが始まるかな？

ペットボトルを立てて、動物の顔やペンギンの立ち姿に。寝かせて、動物や魚を作っても楽しい。

乳酸菌飲料の容器を逆さにして、かわいらしいおひなさまに

52ページの紙粘土で作ったひなあられを添えて

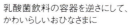

乗り物に
見立てて
しゅっぱ〜つ！

ペットボトルを横にしたら、お花見列車に。
空から地面まで360度描けるのも楽しい

〈表〉

〈裏〉

発射準備OK！ ぐるっと一周、
ロケットまるごと作っちゃおう

お城や家

六角形の形を生かしてオシャレな建物に。
大きな木を作って住みたい家を並べたら、
みんなの町ができあがるよ。

木のそばのアパートに
住んでいるのはだれかな？

大きなペットボトルで
かっこいいお城に

サンタさんものぞいているよ

プラ容器を組み合わせて ゆかいな人形たち

魔法の
スパイス

ペットボトルにいろいろ素材を組み合わせて、
おもしろ人形大集合！

ペットボトル
素材を
合わせて

容器の飲み口部分をつなげて、
首長人形のできあがり

紙コップの帽子や
マフラーで
おしゃれ度アップ！

乳酸菌飲料の容器を逆さに置いたおじぞうさま。
かさはペットボトルの上を切って

軽いのでモビールにしても。小鳥の羽は、
ペットボトルを切って作る。

スプーンを顔と羽に見立てて
おしゃれなくじゃくさん

ヨーグルトと乳酸菌飲料の容器で
りっぱな鼻のぞうだぞう

紙コップを組み合わせて

紙コップをかぶせれば、
すてきな帽子や冠に。
顔そのものを紙コップで表現しても

紙コップを2つつなげて
顔と冠に見立てた
アイデア

屋根の部分を紙コップで表現。ペットボトルの曲線を
生かすと、お話に出てきそうなおうちが登場

49

ペットボトルと布で人形劇

魔法の
スパイス

ペットボトルの人形に布の服を着せたら、指人形に変身！
お話のキャラクターから背景までペットボトルで作って、
オリジナル人形劇のはじまりはじまり〜。

♪自由に
ストーリーを作って
みんなで演じてみよう

おっしゃるとおり、
お菓子のお城を
作りました。

ぜんぶ
食べていい？

作り方

布を服に見立てて手にかぶせ、人さし指の上から人形の顔をはめる。他の指を手のように動かそう。

※ ペットボトル人形の作り方は46ページ

すてきな城じゃ。ただ、歯磨きはしっかりな。

トイレットペーパーで かんたん紙粘土

魔法の
スパイス

トイレットペーパーは水に溶ける。ということは…！
水とのりを入れれば、紙粘土の完成！

おいしそうな
食べ物いっぱい！

ドーナツは
トッピングや
色をつけて、
雰囲気アップ

お弁当やお子様ランチは大好きなメニューをとりまぜて。
お皿を工夫すると、より本物らしくなるよ

クッキーは、透明の袋に入れると、
まるで本物みたい！

たこ焼きはアイスの容器に載せる
アイデアがグッド!

ピザは乾く前に一部を切り取って

作り方

1 トイレットペーパーを細かくちぎり、水を入れた容器に、水が染み込む程度に浸す。

2 浸した容器にボンドを入れて、粘土を作る。
＊ボンドを多めに入れると早く乾く。

3 容器から粘土を取り出して、こねる。

4 紙の形がなくなるまで、しっかりこねる。
＊紙の形がなくなるほど、成形しやすくなる。

5 好きなものを作る。

6 乾いたら、色を塗って完成！
＊絵の具にボンドを入れると、しっかり塗れる。

ファンシーアクセサリー

人や動物

アクセサリーは、木工用ボンドでコーティングすると実際に使えるよ

自画像にかいじゅう、好きな動物にチャレンジ！

58ページの落ち葉をさして、雪うさぎに

オリジナル紙粘土と身近な素材で

魔法のスパイス

トイレットペーパーの紙粘土を空き容器に貼りつけたら、すてきな器に変身！ 軽いのでお面にもぴったり。

※トイレットペーパー粘土の作り方は53ページ

お面の作り方

1 紙皿の、お面の目になる部分を切り抜き、耳にかける所は穴を開けて輪ゴムを通す。

2 トイレットペーパー粘土を貼り付ける。鼻など、高さを出したい部分には粘土を盛る。

3 乾いたら、絵の具で色をつける。

紙皿でお面作り

好きな動物やおもしろい顔など、いろいろ作ってみよう。

なぞの覆面プロレスラー。お面をかぶったらなりきって

紙皿を切ってきつねのお面の形に

器の作り方

1 　紙箱やヨーグルトの空き容器など、容れ物になるものに粘土を貼る。粘土で星形などを作り、飾りを付けても。

2 　乾いたら、絵の具で色をつける。最後にボンドを塗るとつやつやに。

ヨーグルトの空き容器が小物入れに

空き容器に貼って

ふた付きの空き箱の外側に粘土を貼り、おしゃれなジュエリーボックスに

乳酸菌飲料の容器で一輪ざしに。たくさん作って並べてもかわいい

かる〜いホイルで魚つりゲーム

魔法のスパイス アルミホイルって粘土みたいに好きな形が作れるよ。たたむと空気を含むから、水にも浮くんだ。

海の生き物を作ろう

魚やいか、ひとでにかめまで、好きな生き物をいろいろ作ろう。

作り方

アルミホイルをくしゃくしゃに丸め、好きな形の魚を作る。ビニールタイを円形に形作り、魚の口元に通して留める。

この魚を
つりたいな〜

そ〜っと
ひっかけて

つりゲームを しよう

作った魚を持ち寄って、
みんなでつり大会。
どんな魚がつれるかな。

つり針の先を、口元の
ビニールタイにひっか
けてつり上げる

やった〜、
つれた!

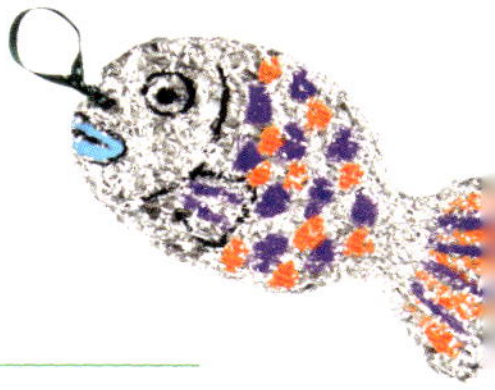

つり竿の作り方

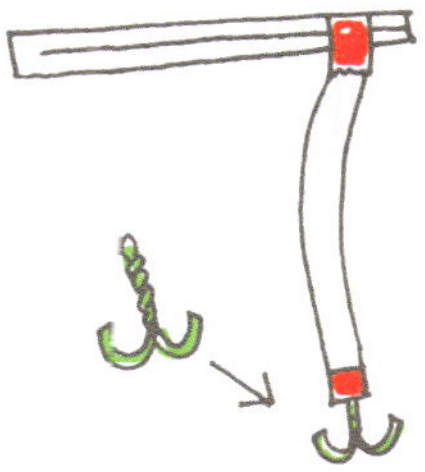

割りばしに細く切ったレジ袋を付け、その先
にビニールタイで作ったつり針を貼り付ける。

落ち葉がヘンシ～ン！

魔法の
スパイス

木工用ボンドを落ち葉に塗ると真っ白になって、乾くと透明になる。
塗ったものがつやつやにコーティングされて、飾りにぴったり。

作り方

1 落ち葉を軽く拭いて、ポスターカラー
や不透明マジックなどで絵を描く。

2 木工用ボンドを真っ白になるくらい
たっぷり塗る。乾くと透明になる。

好きなものや
季節のアイテムを
モチーフに

すてきな模様の羽をあしらって、
華やかなくじゃくがこんにちは

サンタとトナカイ。
裏にセロハンテープで
安全ピンを留めるとブローチにも

ミルクカップに粘土を入れ
落ち葉をさしたらミニチュア植木に

小鳥のゆらゆらモビール

葉っぱで作った小鳥は軽くて飛んで行っちゃいそう！

葉っぱを木工用ボンドで貼り合わせ、木の枝でつなげてナチュラルテイストなモビールに

海の中の魚たち

元気な魚たちを作って、スズランテープの海へダイブ！ 貝やビー玉をちりばめたら、にぎやかな海の世界が完成！

貼って重ねて自在ブロック

魔法の
スパイス

段ボールには目がある。その目にはストローがぴったり入るよ。
段ボールの切れ端をストローでつなげれば、オリジナルブロックの完成!

作り方

1 段ボール板を基本の形(丸、三角、四角)に切る。大きさはいろいろに。

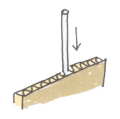

2 断面にストローをさしてつなげながら、形を作る。

3 形ができたら、パーツを貼ったり、色を塗ったりしてできあがり。

重ねて貼って形作り

大きいパーツと小さいパーツでダイナミックな船に

直線パーツの組み合わせで、のっぽのキリンに

魚には背骨や背びれも付けて

*あらかじめ段ボール板に絵の具で色を塗っておくと、きれいに仕上がる。作ったあとでクレヨンで塗ってもOK。

丸い形を 組み合わせて

丸く切った段ボール板に半分ずつ切り込みを入れ、切り込み部分どうしを組み合わせて顔を作る。同じように体を作って、ストローで顔とつなげると、顔がまわる楽しい人形に。4つの面に目鼻を貼って、いろいろな表情を楽しもう。

三角と四角の組み合わせで
がっちりしたロケットに

四角と三角を 組み合わせて

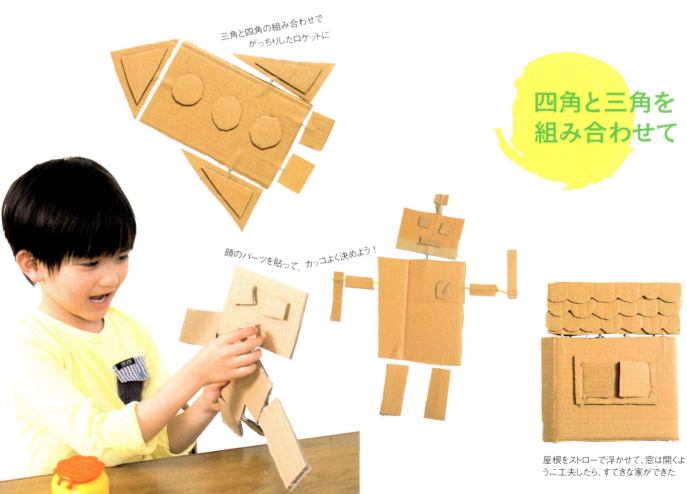

顔のパーツを貼って、カッコよく決めよう！

屋根をストローで浮かせて、窓は開くように工夫したら、すてきな家ができた

手足が曲がる段ボール人形

**魔法の
スパイス**

段ボール人形のつなぎに曲がるストローを使ったら、おもしろい動きが出るよ。
思い思いの動きをつけて遊んでみよう。

作り方

1 段ボール板を基本の形（丸、三角、四角）に切る。大きさはいろいろに。

2 断面に曲がるストローをさしてつなげながら、形を作る。

3 ストローを曲げて自由なポーズに。

踊る
立体人形

足やしっぽの曲げ具合で動きを出して、
好きなポーズが作れるよ！

いろんなポーズで
レッツダンス！

平面で
動きを出す

くねくね曲がる足がゆかいな虫

かぶとむしは、6本の足が
自由に曲がるよ

チューリップも、
自由な形を作って
ダンスダンス！

63

アイデア	きむらゆういち
制作	奥山英俊／栢谷めぐみ（有限会社オフィス遊）
制作協力	ゆうゆう絵本講座

有田奈央／石田利津子・りん・かい／内海由・直／宇都宮みどり／浦野真樹・真理恵／
大窪いく子・勇介／大﨑利紀子／大谷かおり／大森あき／金井真紀・美悠子／木下由香／
木村みゆき／久保ゆかり・ゆきの／金藤早苗／佐藤一花・百花／鈴木たか江／髙岡佑己子／
高地和泉・奏詩／茶谷愛・日向・夏南実／中沢恭子／延近里美・萌／藤田英恵／
横田麻里子／渡辺みゆき・美空

写真撮影	安田仁志
モデル	阿形大陸／松山ここの／森田恵（株式会社テアトルアカデミー）
	佐藤琥鉄（有限会社クレヨン）
デザイン	坂野由香
作り方イラスト	しまだ・ひろみ
本文校正	有限会社くすのき舎
編集協力	東條美香
編集	西岡育子

 子どもの個性を引き出す **きむら式 おもしろ 造形タイム** いつもの技法にひと工夫！

2017 年 2 月　初版第 1 刷発行

著者	きむらゆういち
	ⓒ Yuichi Kimura, 2017
発行人	浅香俊二
発行所	株式会社チャイルド本社
	〒112-8512 東京都文京区小石川 5-24-21
	電話／03-3813-2141（営業）03-3813-9445（編集）
	振替／00100-4-38410
印刷・製本	共同印刷株式会社

ISBN 978-4-8054-0255-9

NDC376　26×21cm　64P　Printed in Japan

チャイルド本社ホームページアドレス　http://www.childbook.co.jp/
チャイルドブックや保育図書の情報が盛りだくさん。どうぞご利用ください。